¿Dónde están los Everglades?

Nico Medina

ilustraciones de Gregory Copeland

traducción de Yanitzia Canetti

Penguin Workshop

Para el tío Fred "Shred" Kupfer, un hombre de
Florida para la historia—NM

Para Marci y Steve, con amor—GC

PENGUIN WORKSHOP
Un sello editorial de Penguin Random House LLC
1745 Broadway, New York, NY 10019
penguinrandomhouse.com

Información de la Catalogación en la Publicación (CIP) de la Biblioteca del Congreso
está disponible.

Publicado por primera vez en los Estados Unidos de América en inglés como
Where Are the Everglades? por Penguin Workshop, 2025
Edición en español publicada en 2026

Manufacturado en los Estados Unidos de América
CJKW

ISBN 9798217051182
10 9 8 7 6 5 4 3 2 1

El representante autorizado en la UE para la seguridad y cumplimiento de este
producto es Penguin Random House Ireland, Morrison Chambers,
32 Nassau Street, Dublin D02 YH68, Irlanda, https://eu-contact.penguin.ie.

Contenido

¿Dónde están los Everglades?

El 6 de diciembre de 1947, en un pueblito pesquero de Florida, 4500 personas se reunieron para celebrar el establecimiento del vigésimo octavo parque nacional de Estados Unidos y el tercero más grande: el Parque Nacional Everglades.

Entre los invitados estaban el gobernador y la primera dama de Florida, dos senadores, el líder de la nación tribal seminola y el presidente de Estados Unidos. La banda de la escuela secundaria de Fort Myers tocó la canción estatal de Florida, y comenzó el programa.

El senador Claude Pepper predijo que "pronto un millón de visitantes vendrán cada año a disfrutar de este maravilloso museo de la naturaleza". Entre "sus lagos resplandecientes, arroyos, bahías y pantanos inaccesibles", encontrarán cocodrilos, manatíes y muchas otras criaturas exóticas que no existen en ningún otro lugar del país.

El senador Spessard Holland reconoció a los miembros de la Florida Federation of Women's Clubs y la National Audubon Society, cuyos años de arduo trabajo hicieron posible este día.

Un siglo antes, el sur de Florida era un pantano en la frontera, hogar de menos de cien colonos blancos. Los Everglades, un vasto paisaje llano de campos de pasto de sierra, bosques subtropicales y pantanos, estaba dominado por nubes de mosquitos y multitudes de serpientes venenosas. Las inundaciones dificultaban la agricultura.

Pero los humanos adaptaron los Everglades a sus necesidades. Construyeron canales, embalses, presas y diques para drenar millones de acres de humedales para desarrollos residenciales y agricultura a gran escala.

Esto alteró el delicado equilibrio de la naturaleza. Ahora, algunas áreas se inundaban más, mientras que otras se secaban y se incendiaban.

Ya en 1947, cuando el presidente Harry Truman habló en la ceremonia de inauguración, el sur de Florida era una de las regiones de mayor crecimiento del país. El parque nacional se estableció para evitar que los Everglades se convirtieran en más autopistas y centros comerciales.

El presidente Truman advirtió que proteger los

parques públicos del país requería una vigilancia constante. "Como la libertad, la conservación debe defenderse sin cesar para proteger las victorias del pasado…".

Hablaba de la singularidad de los Everglades. Eran muy diferentes de los paisajes imponentes

de los parques nacionales más famosos del país, como el parque Yosemite o las Montañas Rocosas.

"Aquí no hay picos elevados buscando el cielo", dijo Truman, "no hay glaciares poderosos ni arroyos que arrastren la tierra desgastada. Aquí hay tierra, tranquila en su serena belleza".

CAPÍTULO 1
La formación de Florida

En la era de los dinosaurios, el territorio que actualmente ocupa Florida estaba sumergido bajo un mar cálido y poco profundo. Durante millones de años, las conchas de animales marinos muertos y los restos de antiguos arrecifes de coral se fosilizaron, formando una roca porosa llamada piedra caliza. (Porosa significa 'lleno de poros o agujeros'). Capas de piedra caliza se acumularon, formando Florida desde el fondo marino hacia arriba.

En los períodos glaciales (eras de hielo), cuando las temperaturas de la Tierra bajaron, las aguas oceánicas se congelaron y se formaron glaciares. Al crecer los glaciares, los niveles del mar bajaron, apareciendo más tierra. Así, hace veintitrés millones de años, Florida emergió del océano.

Más eras de hielo vinieron y se fueron. Los niveles del mar subieron y bajaron. A veces, Florida estaba bajo el agua; otras, por encima de ella. Pero seguía subiendo. La arena, el barro y el limo de las Montañas Apalaches, a cientos de millas, llegaron a Florida por ríos y corrientes marinas, formando capas de tierra arenosa sobre la piedra caliza.

Hace veinte mil años, en el apogeo de la última era de hielo, los glaciares cubrieron gran parte de América del Norte.

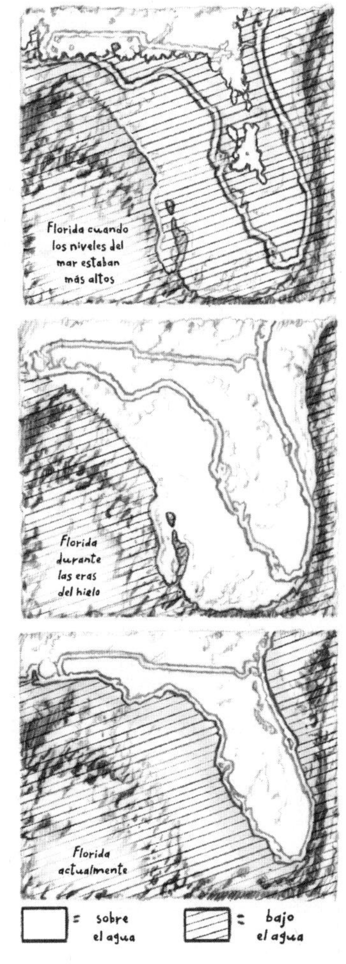

Muchos animales migraron a Florida, donde el clima era más cálido. En aquel entonces, Florida era tres veces más grande que hoy. Se convirtió en un lugar biodiverso: hogar de muchas especies de plantas y animales.

Mamuts y mastodontes. Gliptodontes gigantes, similares a armadillos. Gatos de dientes de sable.

Algunos animales, como los caimanes y cocodrilos, aún viven allí. (El caimán americano es también conocido como lagarto o aligátor americano). Los Everglades están entre los lugares más biodiversos de la Tierra.

Con el tiempo, el planeta se calentó de nuevo. Los glaciares se retiraron hacia los polos norte y sur y hacia las montañas más altas. El nivel del mar subió, y Florida adquirió la estrecha forma peninsular actual. (Una península es un área de tierra rodeada de agua por tres lados).

Hace unos cuatro a seis mil años, después de mucha lluvia, se formaron los Everglades.

El Parque Nacional Everglades cubre más de 1,5 millones de acres en el sur de Florida. ¡Es más grande que el estado de Rhode Island! Pero el ecosistema de los Everglades es mucho más extenso. (Un ecosistema es una comunidad de seres vivos que interactúan dentro de un área o entorno particular). Las antiguas cabeceras de los Everglades, su lugar de nacimiento, estaban cerca de la ciudad de Orlando, en la cadena de lagos de Kissimmee.

Durante la temporada de lluvias, de mayo a noviembre, llueve prácticamente todas las tardes en Florida. El agua llena los lagos y empapa el suelo. Parte del agua se filtra en la porosa corteza de piedra caliza. Otra parte es transportada por

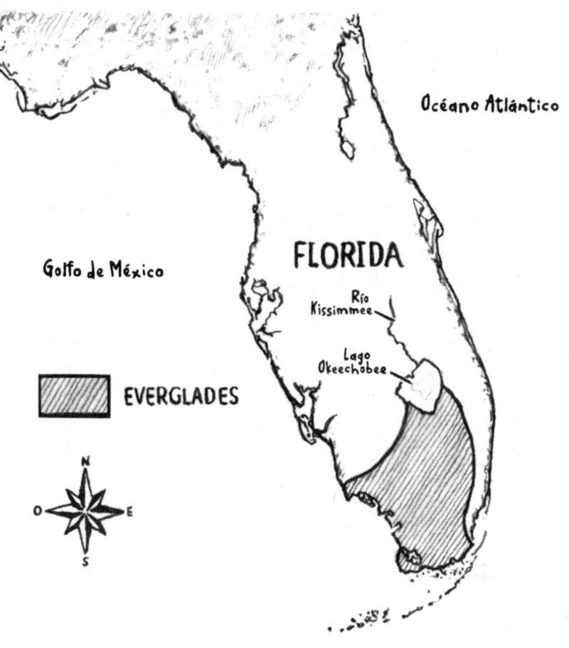

el río Kissimmee mientras serpentea hacia el sur hasta el lago Okeechobee.

Oki significa 'agua' y *chubi* significa 'grande' en el dialecto de los hitchiti, un pueblo nativo americano de Georgia. El lago Okeechobee, o agua grande, es el más grande del sur de Estados Unidos, y le hace honor a su nombre. Algunas personas lo llaman lago O para abreviar.

Aunque el lago O es grande, es poco profundo (un promedio de nueve pies de profundidad), y durante la temporada de lluvias se desborda e inunda el área circundante. Esta inmensa y fina lámina de agua (de seis pulgadas de profundidad y sesenta millas de ancho) fluye hacia el sur de Florida. Debido a que la pendiente es muy suave, solo dos pulgadas por milla, el agua se mueve a paso de tortuga, apenas media milla por día.

El paisaje está dominado por vastos campos de pasto de sierra, una planta de junco alta, áspera y dentada, y salpicado de islas de árboles y flores silvestres. Aunque el pasto de sierra no es técnicamente un pasto (los pastos tienen tallos huecos, y los juncos tienen filos), los seminoles llaman a los Everglades Pa-Hay-Okee o río de hierba.

Marjory Stoneman Douglas, una escritora conocida como la madre de los Everglades, los describió de una manera similar: un río de hierba.

Pasto de sierra

Marjory Stoneman Douglas (1890-1998)

Marjory Stoneman nació en Minneapolis, Minnesota, de madre violinista y padre juez. Después de graduarse del Wellesley College en 1912, se mudó a Newark, Nueva Jersey, y conoció a su esposo, Kenneth Douglas. Se separaron, y en 1915, Marjory se mudó a Miami, Florida, para trabajar con su padre, el fundador del periódico *Miami Herald*.

Durante la Primera Guerra Mundial, se convirtió

en la primera mujer en Florida que se unió a la Reserva de la Marina. También se unió a la Cruz Roja Americana y sirvió en Europa. Sus artículos en el *Herald* apoyaban los derechos de las mujeres y los derechos civiles, y se pronunció en contra de la urbanización sin control en Florida.

Marjory dejó el periódico en 1923 para escribir libros y cuentos para niños y adultos, incluyendo uno sobre los Everglades. Durante cinco años se enfocó en ese proyecto. En 1947, se publicó *The Everglades: River of Grass*, que cambió la forma en que los estadounidenses pensaban sobre los Everglades. Terminó el libro con un llamado a los lectores para salvar este paisaje único de una mayor destrucción.

CAPÍTULO 3
Un ecosistema único

"No existen otros Everglades en el mundo", escribió Marjory Stoneman Douglas en *River of Grass*. "Son, y siempre han sido, una de las regiones más singulares de la Tierra, remota y nunca completamente conocida".

Los Everglades son el único ecosistema subtropical en Estados Unidos continental. Esto significa que se encuentran entre el clima tropical del Caribe y el clima más frío de América del Norte. Aquí conviven plantas y animales de ambas regiones.

Árboles de arce rojo, osos negros y caimanes del norte. Cocodrilos, manatíes y palmas reales de los trópicos. Los Everglades son el único lugar en el mundo donde los caimanes y los cocodrilos

Oso negro de Florida

coexisten, aunque los cocodrilos, que pueden vivir en agua salada, suelen encontrarse en hábitats costeros.

Caimán americano

Un hábitat es un área que brinda alimento, agua y refugio para que vivan plantas y animales. Los Everglades son un ecosistema que contiene nueve hábitats diferentes. Los bosques elevados, también conocidos como islas de árboles, son las

masas de tierra más sólidas en los Everglades. Estos hábitats están en el terreno más alto, solo a unos pocos pies por encima del nivel del agua. Pero eso es suficiente para que eviten las inundaciones. Aquí, los árboles crecen altos y frondosos, creando bosques sombríos.

Los bosques de pinos sobre rocas, otro hábitat elevado, son bosques de pinos que crecen en la piedra caliza. Cuando los bosques elevados crecen cerca de ellos, las ramas altas y densas crean demasiada sombra para que las plántulas de pino puedan crecer. Pero hay algo que puede ayudar: el fuego.

Los incendios provocados por rayos ayudan a los conos de pino a liberar sus semillas. Los pinos resisten el fuego, pero las maderas duras (que compiten con los pinos) no. Al quemarse estos bosques, los pinos jóvenes pueden crecer.

Zorro gris

Los bosques de pinos y los bosques elevados atraen zarigüeyas y ciervos, a depredadores como el zorro gris (único zorro trepador en el mundo) y las panteras.

La pantera de Florida es la única subespecie de puma al este del río Misisipi. Puede medir hasta siete pies de largo de punta a punta, y los machos pueden pesar hasta 160 libras. Estos grandes felinos habitaron todo el sureste de

Pantera de Florida

Estados Unidos. Pero debido a la caza excesiva y la pérdida de hábitat, hoy en día solo quedan unas doscientas con vida, todas en el sur de Florida. Las panteras cazan desde ratas, conejos y armadillos, hasta ciervos de cola blanca y caimanes.

Los pantanos de agua dulce son canales profundos que transportan agua suavemente a través de los Everglades. Permanecen inundados todo el año, incluso durante la estación seca, de diciembre a abril.

Pantano de agua dulce

Las praderas de marga de agua dulce bordean los pantanos. Están cubiertas de una vegetación baja que comen los conejos y los ciervos. Estos humedales también albergan quizás la forma de vida más importante de los Everglades: el perifitón.

El perifitón es una rica mezcla de diferentes organismos microscópicos: seres vivos tan diminutos que solo pueden verse a través de un microscopio. Crece en mantos esponjosos de color verde grisáceo o amarillento que cubren el suelo y las plantas de la pradera. Esta comunidad de formas de vida, que puede contener bacterias, algas, hongos y más, es un ecosistema en sí mismo.

Perifitón

Como una planta, el perifitón absorbe energía del sol mediante la fotosíntesis. Pequeños animales como camarones, caracoles, renacuajos y peces se alimentan del perifitón, absorbiendo la energía del sol a través de él. Las aves, los peces grandes y las serpientes reciben esa energía al comerse esas criaturas más pequeñas. Luego llega a los linces y caimanes, depredadores más grandes. Todo está interconectado en los Everglades.

Las capas de perifitón también proporcionan hogar a gusanos e insectos. A medida que el perifitón crece, ayuda a crear el suelo rico y orgánico que mantiene saludables las praderas de marga.

Los pantanos de cipreses, otro hábitat de los Everglades, permanecen cubiertos de agua estancada durante gran parte del año. Los cipreses resisten las inundaciones y necesitan el agua para crecer. Algunas de sus raíces emergen por encima de la superficie del agua y ayudan al árbol a respirar. Estas raíces, llamadas rodillas de ciprés, ¡pueden llegar a medir hasta seis pies de altura!

Bosquecillos de cipreses, llamados cúpulas de ciprés, salpican el paisaje de los Everglades. Se les llama cúpulas porque los árboles más altos crecen en el centro del bosquecillo, mientras que los más bajos crecen en los bordes.

Los cipreses echan raíces en cavidades de disolución. Estas cavidades se forman cuando las hojas caídas, ramas y otros materiales se descomponen. Este proceso produce ácido, que disuelve la roca caliza subyacente. A medida que el hoyo se profundiza, se llena de agua y barro.

Estos pozos de agua atraen la vida silvestre. Los caimanes consideran los pantanos de cipreses como su hogar y cuando se mudan, ¡les gusta expandir su espacio vital! Usan sus hocicos anchos y patas con garras para cavar el pozo más profundo, permitiendo que más agua llene el pantano.

En la temporada seca, estos hoyos de caimán

se convierten en salvavidas para los animales, como oasis en el desierto. Peces, aves y mapaches se refugian en ellos. También ayudan a alimentar a los caimanes.

Los caimanes permanecen inmóviles, asomando los ojos por encima de la superficie del agua, con palos sobre su hocico. Los palos actúan como cebo para las aves, que los utilizan para

Un caimán sosteniendo un palo en el hocico

construir sus nidos. Cuando un ave desprevenida se acerca para tomar el palo, el caimán actúa rápidamente y atrapa su comida emplumada.

Se pueden encontrar más hábitats a medida que el Río de Hierba se acerca al mar.

Los bosques de manglares crecen a lo largo de la costa en aguas salobres, donde el agua dulce y

salada se mezclan. Los mangles absorben el agua dulce que necesitan ya sea bloqueando la sal en las raíces o expulsándola por las hojas. Debido a que los niveles del agua en estos bosques suben y bajan con las mareas, algunas raíces de mangle crecen por encima del suelo.

Los manglares sirven como criaderos para especies marinas jóvenes, como tiburones y barracudas. Aquí, entre el laberinto de raíces que ofrece numerosos escondites, los peces pueden crecer lo suficiente para sobrevivir en el océano abierto. Además, los manglares son la primera línea de defensa del continente contra tormentas tropicales y huracanes, ya que forman una barrera que amortigua los fuertes vientos y las intensas olas. Los Everglades albergan los manglares más grandes al norte del ecuador.

Las tierras bajas costeras son praderas que se forman por las arenas móviles y el impacto de las olas durante las tormentas.

Los huracanes también son responsables de gran parte de la vida vegetal en los Everglades.

Águila pescadora

Las tormentas transportan semillas desde las islas del Caribe. Las aves migratorias que anidan en los Everglades también llevan semillas.

Más de 360 especies de aves viven en los Everglades.

Hay aves rapaces como águilas calvas, búhos cornudos y águilas pescadoras, la única ave rapaz con dos dedos oponibles que le ayudan a sujetar los peces. También hay aves acuáticas buceadoras, como el

Pelícano blanco americano

anhinga y los pelícanos blancos, cuya envergadura de nueve pies es la segunda mayor de América del Norte. Y hay aves zancudas de patas largas, como la grulla canadiense y la gran garza azul, cuya excelente visión nocturna les ayuda a cazar peces a la luz de la luna.

Gran garza azul

El Río de Hierba recorre más de cien millas antes de encontrar la poco profunda bahía de Florida, el cuerpo de agua más grande del parque. En esta zona se encuentran los dos últimos hábitats de los Everglades: el estuarino (agua salobre) y el marino (agua salada).

Hierba marina en la bahía de Florida

En la bahía de Florida, el Río de Hierba se mezcla con agua salada del golfo de México y con agua dulce de la lluvia y manantiales subterráneos que emergen a través de la piedra caliza. Forma un estuario salobre con extensas praderas de hierba marina que crecen en el fondo. Los delfines mulares, los tiburones limón y los peces grandes como los sábalos de escamas plateadas frecuentan la bahía de Florida para alimentarse de las muchas especies de peces que habitan en sus aguas.

Los manatíes, o vacas marinas, se alimentan de los pastos marinos y consumen hasta cien libras de esta hierba al día. Estos mamíferos marinos, parientes cercanos del elefante, alcanzan hasta diez pies de largo y ¡pueden pesar más de mil libras!

Manatí de las Indias Occidentales

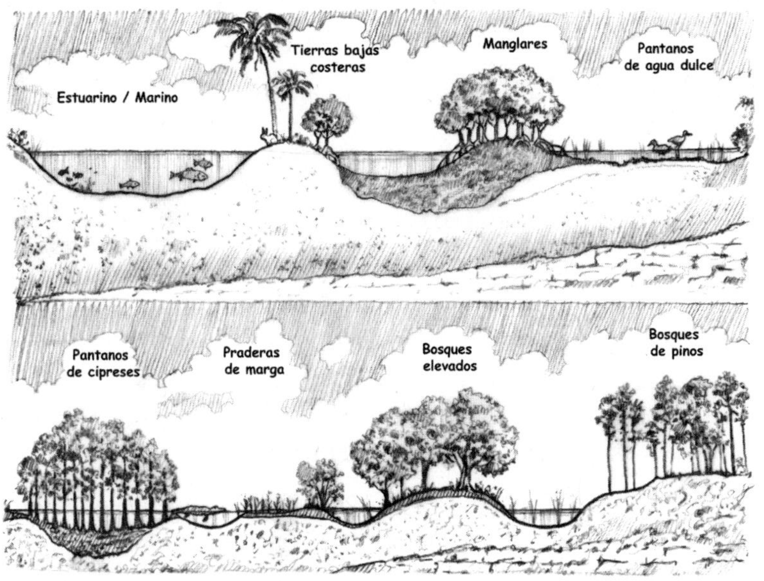

Junto con las criaturas que los habitan, estos nueve hábitats: bosques elevados, bosques de pinos, pantanos de agua dulce, praderas de marga, pantanos de cipreses, manglares, tierras bajas costeras y hábitats marinos y estuarinos, forman el ecosistema de los Everglades.

Cambios en el nivel del agua de unas pocas pulgadas afectan drásticamente qué tipos de plantas y animales sobreviven allí. Las aves zancudas cazan peces caminando por los pantanos. Si el agua es muy profunda y sus patas no tocan el fondo, no pueden cazar ahí. Si no llega suficiente agua dulce desde el Río de Hierba a la bahía de Florida, el agua salada se adentra más en los pantanos de agua dulce, lo cual causa problemas a las plantas y la vida acuática que no están adaptadas para vivir en agua salada.

La salud de los Everglades, e incluso su propia existencia, depende del flujo natural e ininterrumpido de agua a través de sus hábitats.

Una gran garza en un pantano de cipreses

CAPÍTULO 4
Los recolectores de conchas

Los calusa fueron los primeros en habitar los Everglades. Durante dos mil años, estos nativos norteamericanos vivieron a lo largo de las costas y vías fluviales del suroeste de Florida. En su apogeo, la población calusa pudo haber alcanzado los cincuenta mil habitantes.

Los calusa elevaban sus casas sobre pilotes para protegerlas de las inundaciones. Tejían hojas de palma enana para construir sus techos. Ahuecaban troncos de cipreses para fabricar canoas. Excavaban canales en la densa vegetación para acceder a sus zonas de caza favoritas por vía acuática.

Se cree que los calusa fueron el primer pueblo de América del Norte en construir asentamientos permanentes sin depender de la agricultura. Eran cazadores-recolectores que vivían de la tierra y el mar y disfrutaban de una dieta rica y variada. Pescaban durante todo el año. En invierno, recolectaban ostras de los manglares; en verano, vieiras. Afilaban huesos de pescado para fabricar puntas de flecha con las que cazaban ciervos, y se untaban la piel con aceite de pescado para protegerse de los insectos que picaban.

Los calusa, conocidos como recolectores de conchas, consumían muchos mariscos como caracoles, langostas y cangrejos. Usaban las conchas para herramientas, juguetes,  joyería, platos y armas. Las que no utilizaban, las apilaban en concheros. Algunos de estos montículos de conchas formaron pequeñas islas, como Mound Key, la capital y centro ceremonial de los calusa en la bahía Estero.

Los calusa construyeron muros de contención

Conchero utilizado por los calusa alrededor del año 1500 e. c.

y embalses para protegerse de las tormentas y almacenar agua. Esto alteró un poco el paisaje de los Everglades. Siglos después, los colonos blancos harían lo mismo, pero a una escala mayor y mucho más destructiva.

El primer europeo en descubrir Florida fue el explorador Juan Ponce de León, de España. Viajó a las Américas por primera vez en 1493 con Cristóbal Colón. En 1509, fue nombrado gobernador de Puerto Rico. Más tarde, recibió permiso del rey de España para explorar las tierras al norte de esa isla.

Juan Ponce de León

En 1513, Ponce de León desembarcó en la costa noreste de Florida con tres barcos. La llamó La Florida, que significa 'lugar de flores'. También era Pascua, cuando en España se celebraba la Pascua Florida o Fiesta de las flores. Reclamó la tierra para el rey de España. Luego, navegó hacia el suroeste de Florida, donde se encontró con los calusa.

San Agustín, la ciudad más antigua de Estados Unidos

En 1565, cincuenta y cinco años antes de que los peregrinos llegaran a Plymouth Rock y más de cuarenta años antes del asentamiento de Jamestown en Virginia, Pedro Menéndez de Avilés fundó la ciudad de San Agustín. En los siguientes dos siglos, sirvió como un puesto militar para proteger a los comerciantes españoles en la costa atlántica de Florida.

Al crecer las colonias británicas en América del Norte, los españoles reforzaron las defensas de San Agustín. Entre 1672 y 1695, construyeron la fortaleza Castillo de San Marcos. En 1702, los británicos asediaron la ciudad. La fortaleza resistió el ataque, y muchos otros, gracias a sus muros de piedra de coquina de hasta diecinueve pies de espesor. (La coquina se compone de conchas marinas compactadas en piedra caliza durante miles de años).

Hoy en día, San Agustín es el asentamiento europeo más antiguo de Estados Unidos. Cada año, más de dos millones de personas lo visitan para pasear por sus estrechas calles coloniales, aprender sobre su historia y visitar la escuela de madera más antigua del país. La mayoría de los turistas se detienen en el Castillo de San Marcos, que nunca cayó en batalla y ahora es un monumento nacional.

Fortaleza Castillo de San Marcos

Durante su estancia en las colonias, Ponce de León había esclavizado y matado a muchos nativos. Hacía poco, había sofocado un levantamiento de los taínos en Puerto Rico. Sin embargo, en los calusa encontró un verdadero desafío.

Los calusa eran guerreros hábiles y defendieron su tierra con ferocidad. Veinte canoas llenas de calusa se enfrentaron a los hombres de Ponce

de León y los rechazaron. Cuando los españoles regresaron, ochenta canoas de guerreros los obligaron a huir.

Ocho años después, Ponce de León volvió con doscientos hombres, pero los calusa le hicieron una emboscada. Durante la batalla, Ponce de León fue herido en un muslo por una flecha envenenada. Tras retirarse a Cuba, murió debido a sus heridas.

Décadas después, misioneros y exploradores españoles regresaron para acordar una alianza con los calusa. Pero la amistad pronto se desmoronó, y a partir de ese momento los españoles se mantuvieron alejados del sur de Florida.

Durante muchos años, el sur de Florida y los Everglades permanecieron inexplorados. Los europeos cartografiaron la costa con gran detalle, pero el interior permaneció en el misterio. Contaban historias fantásticas sobre una tierra cubierta de esmeraldas y montañas, habitada por leones, canguros, unicornios y serpientes de tres cabezas. Pero pasarían siglos antes de que los colonos blancos comprendieran verdaderamente los Everglades.

A finales del siglo XVIII, las enfermedades traídas por los europeos y los ataques de tribus rivales habían casi aniquilado a los calusa. Cuando Florida pasó a control británico, en 1763, las últimas ochenta familias calusa huyeron a Cuba.

El Simio Mofeta

Los cuentos sobre criaturas raras en los Everglades persisten hoy. Algunos creen que un pariente del Sasquatch (también llamado Bigfoot) vive en los pantanos. El Simio Mofeta, llamado así por su pestilencia, se cree que puede alcanzar casi ocho pies de altura y pesar más de cuatrocientas libras. Se dice que camina erguido y tiene un pelaje largo y desgreñado de color rojizo o negro. Fue visto por primera vez en 1957, aunque el pueblo seminola ha transmitido historias sobre el Simio Mofeta durante siglos.

CAPÍTULO 5
Las guerras seminolas

Durante el siglo XVIII, el pueblo seminola comenzó a trasladarse desde Georgia y Alabama hacia el norte de Florida. A diferencia de los calusa, eran agricultores y ganaderos. Lejos de los colonos blancos del norte, encontraron tierras fértiles y decidieron establecerse allí. Para 1800, ya había aldeas seminolas hasta la bahía de Tampa. No se asentaron en los Everglades, pero a veces viajaban allí para cazar.

Después de que los británicos fueran derrotados en la Revolución norteamericana en 1783, el control de Florida volvió a España. Algunos esclavos afroamericanos huyeron a Florida, donde les otorgaban la libertad si se convertían al catolicismo. Otros buscaron refugio entre los seminolas, quienes les permitieron cultivar sus propios alimentos y, en algunos casos, les ofrecieron membresía tribal. Con el tiempo, la población de los seminolas negros creció.

Los esclavistas estadounidenses no aceptaban esto, ya que veían a las personas negras solo como propiedad. En 1811, una milicia (soldados armados) cruzó desde Georgia hacia la Florida española y atacó a los seminolas. Los seminolas respondieron con otros ataques. Esta violencia transfronteriza duró varios años. En una batalla particularmente sangrienta en 1816, soldados estadounidenses mataron a 270 personas negras que habían sido esclavos antes.

El general Andrew Jackson culpó a España por la violencia y exigió castigo para los seminolas. En 1818, Jackson invadió Florida. Destruyó las granjas de los seminolas, se apoderó de su ganado y tomó los fuertes españoles. Así comenzó la primera guerra seminola. Al año siguiente, España cedió Florida a Estados Unidos.

Los colonos blancos llegaron en masa al territorio seminola en busca de tierras para cultivar. Creían que esas tierras les pertenecían a ellos, no a los seminolas. Andrew Jackson, ahora gobernador de Florida, estaba de acuerdo.

General Andrew Jackson

En 1823, los seminolas firmaron el tratado de Moultrie Creek con Estados Unidos. Fueron reubicados en cuatro millones de acres en el centro de Florida, en la cabecera de los Everglades. Era una tierra pobre para la agricultura: el maíz no crecía y las inundaciones eran frecuentes. Muchos seminolas murieron de hambre.

Poco tiempo después, los colonos también reclamaron estas tierras. Atacaban las aldeas seminolas y robaban su ganado. El tratado también permitía a los colonos secuestrar a las personas negras que habían sido esclavas y vivían en tierras seminolas. "Hemos cedido a una demanda tras otra…", dijo un seminola, "pero parece que esto nunca tendrá fin, mientras nos quede algo que los blancos deseen".

En 1830, Andrew Jackson, entonces séptimo presidente de Estados Unidos, firmó la ley de Remoción de Indígenas. Esta ley ordenaba que todos los nativos norteamericanos fueran trasladados al oeste del río Misisipi, anulando el tratado de Moultrie Creek. Estados Unidos había roto su promesa al pueblo seminola.

En 1835, el general Wiley Thompson les dijo a los seminolas que abandonaran Florida. Si no lo hacían, serían removidos por la fuerza. Muchos seminolas, liderados por un hombre llamado Osceola, se negaron a irse. Osceola y un grupo de unos doscientos guerreros seminolas se escondieron.

El 28 de diciembre de 1835, Osceola

sorprendió al general Thompson mientras fumaba un tabaco después de la cena, disparándole catorce veces. Ese mismo día, Osceola y sus guerreros emboscaron al mayor Francis Dade al frente de más de cien

Osceola

soldados estadounidenses. Solo tres sobrevivieron.

La masacre de Dade fue la primera batalla de la segunda guerra seminola. Por casi siete años, tres mil seminolas lucharon contra más de treinta mil soldados estadounidenses. Usaron los Everglades a su favor; lanzaban ataques sorpresivos desde los densos pantanos. Los seminolas guiaban a las tropas hacia los campos de batalla elegidos por ellos, luego los emboscaban antes de desaparecer en la naturaleza salvaje.

Si los seminolas no molestaban a los soldados, los Everglades lo hacían. Las tropas se atascaban en el barro. El pasto de sierra les cortaba la piel y desgarraba la ropa. El agua empapaba los uniformes. Los tobillos se les hinchaban y desarrollaban horribles úlceras. Sufrían mordeduras de serpientes venenosas y picadas de mosquitos que transmitían malaria y fiebre del dengue. Todo esto, dijo un teniente: "para ganar esta península, la más árida, pantanosa y buena para nada".

Cientos de soldados desertaron. Más de 1500 murieron, cuatro veces más por enfermedades y cansancio que por heridas en batalla. En la segunda guerra seminola, o guerra de Florida, el Gobierno de Estados Unidos gastó 20 millones de dólares (más de 700 millones de dólares actuales) intentando expulsar a los seminolas de Florida.

También fueron asesinados hombres, mujeres y niños seminolas. Aunque al final, la mayoría de los seminolas se trasladaron al oeste; otros nunca se rindieron, incluso después de que Osceola muriera en una prisión militar en Carolina del Sur.

En 1842, Estados Unidos por fin abandonó la lucha. Pero los colonos estadounidenses continuaron invadiendo las tierras de los seminolas, y entre 1855 y 1858 se libró una guerra seminola de menor escala. Al final, solo unos cien seminolas permanecieron en los Everglades.

La tribu seminola de Florida hoy

Funcionarios electos de la tribu seminola de Florida en 2023

Alrededor de 2500 seminolas viven en Florida actualmente. Junto con la tribu miccosukee, son los orgullosos descendientes de aquellos que se resistieron a ser expulsados al oeste por el Gobierno. (Miles de seminolas también viven en Oklahoma, descendientes de aquellos que fueron deportados). A medida que la población de Florida creció después de las guerras seminolas y con la interrupción constante del flujo natural de los Everglades, muchos seminolas se trasladaron de la naturaleza a las reservas. Allí establecieron puestos de comercio y vendieron artículos hechos a mano, como pieles de animales y artesanías, a los turistas.

Hoy en día, hay seis reservas seminolas en el sur de Florida. Los seminolas trabajan en diversas industrias, desde la agricultura de cítricos hasta el ecoturismo. Sin embargo, el juego y las apuestas son sus negocios más grandes. Tanto la tribu seminola como la tribu miccosukee poseen y administran con éxito numerosos casinos y hoteles.

CAPÍTULO 6
¡Drenar el pantano!

A finales de las guerras seminolas, solo unas cincuenta personas blancas vivían en el sur de Florida. Los Everglades seguían siendo muy inhóspitos. Pero ya había carreteras, puentes y puestos militares, y se había cartografiado la zona.

El destino manifiesto, la creencia de que Estados Unidos estaba destinado a expandirse hacia el oeste hasta el océano Pacífico, se había arraigado en la nación. Era la época de las caravanas de carretas que cruzaban el país por el Sendero de Oregón. Parecía impensable que el sur de Florida permaneciera deshabitado mientras que Estados Unidos ahora se extendía de un mar al otro.

Así que, en 1842, el Gobierno federal ofreció 160 acres de tierra en el sur de Florida a todo el que quisiera establecerse allí durante cinco años. Estos colonos descubrieron una tierra de suelo fértil, abundantes lluvias y mucho sol. Los Glades, como lo llamaron, parecían perfectos para la agricultura. Pero era demasiado pantanoso para cultivar, y se inundaba con frecuencia.

En 1845, Florida se convirtió en el estado número veintisiete de la nación. El nuevo Gobierno estatal pidió al Congreso de Estados Unidos que ayudara a drenar los Everglades para crear tierras aptas para la agricultura. Unos años después, el Gobierno presentó su informe.

Según el informe, solo era necesario ensanchar y profundizar las vías fluviales naturales de los Glades hasta el mar. Hacer estos canales más grandes permitiría que se drenara más agua. Para reducir aún más las inundaciones, el nivel del agua del lago Okeechobee se podría reducir excavando canales desde el lago hasta el océano Atlántico y el río Caloosahatchee, que desembocaba en el Golfo de México. Todo esto, según el informe, podría lograrse con muy poco dinero.

Empresarios adinerados le prometieron al estado que drenarían el pantano a cambio de tierras. Pero para 1880, poco se había logrado. Florida tenía poca población, ocupaba el puesto treinta y cuatro entre treinta y ocho estados. En los meses de invierno, los barcos de vapor llevaban turistas en cruceros por los ríos del estado, mostrándoles la belleza natural única de Florida. Pero toda la actividad se concentraba en el norte de Florida. Apenas 250 personas vivían en el sur del estado.

En 1881, el gobernador de Florida vendió cuatro millones de acres de tierra a Hamilton Disston, un rico empresario de Filadelfia. A cambio, Disston se comprometió a drenar doce millones de acres de pantanos, desde la cadena de lagos de Kissimmee hasta la bahía de Florida, un área más grande que Delaware, Nueva Jersey, Connecticut y Rhode Island juntos. En ese momento, fue el mayor trato de tierras vendido a un solo comprador en la historia.

A los seis meses, Disston

Hamilton Disston

El cartero descalzo

Los primeros pioneros del sur de Florida no tenían servicio de correo. El Servicio Postal de EE. UU. solo llegaba hasta Titusville, a más de 150 millas al norte del Condado de Lake Worth (hoy West Palm Beach). Enviar una carta desde Lake Worth hasta Fort Dallas (hoy Miami) requería un largo viaje en diligencia, barco y tren hasta Nueva York, luego en un vapor hasta Cuba y finalmente en otro barco hasta Miami. ¡Esto podía tardar hasta dos meses!

En 1885, la oficina de correos contrató a Edwin R. Bradley como su primer "cartero descalzo", para llevar el correo entre Palm Beach y Miami a pie. El viaje duraba tres días, la mayor parte a lo largo de playas arenosas y una parte en bote. Durante el viaje, dormía en casas de refugio para marineros náufragos. Salía los lunes y regresaba los sábados, ¡tras haber caminado ochenta millas y remado cincuenta y seis más!

Durante siete años, los habitantes del sur de Florida recibieron su correo de esa forma. La ruta era agotadora y peligrosa. Un cartero descalzo llamado Ed Hamilton desapareció. Le robaron el bote que usaba para cruzar el Hillsboro Inlet, así que intentó nadar hasta el otro lado. Sin embargo, en el canal había cientos de caimanes, y se presume que ¡se ahogó o fue devorado!

comenzó a excavar canales. Enderezó el río Kissimmee y lo profundizó para que llevara más agua al lago Okeechobee. Para liberar este exceso de agua, excavó un canal de tres millas desde el lago O hacia el oeste, hasta el río Caloosahatchee. Sin embargo, sus planes de construir más canales hacia el sur y el este del lago nunca se concretaron.

Disston abrió oficinas inmobiliarias en todo el país y en Europa. Los folletos de ventas prometían que no había mejor inversión, lo que desató un auge inmobiliario.

Henry Flagler

En cuatro años, se construyeron ochocientas millas de vías férreas, muchas financiadas por el magnate petrolero Henry Flagler. Flagler también construyó el hotel Ponce de León, de 540 habitaciones en San

Agustín, la estructura de concreto más grande del mundo.

Se drenaron dos millones de acres del valle de Kissimmee, y gran parte se convirtieron en granjas ganaderas. Ya en 1887, casi todo el territorio hasta el lago Okeechobee estaba listo para la agricultura. Pero esto se debió a una sequía y no por los canales de Disston.

Poco después, la tierra se inundó nuevamente. Los sedimentos en el río Caloosahatchee eran tantos, que en ocasiones su flujo se revertía, regresando el agua al lago.

Aun así, el auge inmobiliario continuó.

Henry Flagler extendió su ferrocarril hacia el sur. Por cada milla de vía construida, el estado le daba ocho mil acres de tierra. En 1894, se inauguró el Flager's Royal Poinciana Hotel en Palm Beach, a pocas millas de los Everglades. Era el hotel más grande del mundo, con 1400 empleados, y rápidamente se convirtió en el destino de vacaciones invernales para los más ricos. En un año, la nueva ciudad de West Palm Beach ya tenía mil residentes.

Flagler no tenía planeado extender su ferrocarril

más al sur. Pero el invierno de 1894-95 fue el más frío en un siglo en Florida. Las temperaturas bajaron hasta los veintisiete grados Fahrenheit en West Palm Beach, y la producción anual de cítricos del estado cayó un 97 por ciento. (El agua comienza a congelarse a treinta y dos grados Fahrenheit). Entonces, Flagler siguió construyendo vías, talando bosques elevados y bosques de pinos a su paso, ya que, a sesenta y cinco millas al sur, existía un pequeño asentamiento donde las temperaturas nunca llegaban al punto de congelación.

En 1896, 444 votantes incorporaron ese asentamiento como una nueva ciudad. Al igual que en San Agustín y West Palm Beach, Henry Flagler usó su gran riqueza para construir la ciudad desde cero, proporcionando una planta eléctrica, un alcantarillado, iglesias y otros edificios públicos. Los residentes querían llamar a la ciudad Flagler, pero el magnate rechazó el honor. En su lugar, la llamaron Miami, por el río que la atravesaba.

Miami, 1896

En 1904, Napoleon Bonaparte Broward, el carismático exalguacil de Jacksonville, se postuló para gobernador de Florida. Broward prometió a los agricultores que el estado, no los empresarios ricos, drenaría los Everglades para que ellos pudieran aprovechar la riqueza del fabuloso fango. Obtuvo una victoria aplastante.

Broward se puso a trabajar de inmediato. Ya en 1906, se estaba excavando un canal desde Fort Lauderdale hacia los Glades. Cuando lo criticaron por no realizar estudios ambientales antes de comenzar, Broward respondió con el lema que lo catapultó a la mansión del gobernador: "El agua correrá cuesta abajo".

Casi de inmediato, la tierra alrededor del canal comenzó a drenar.

Napoleon Bonaparte Broward

Lechugas, tomates y apios crecían rápidamente. Un agricultor exclamó que los Everglades eran "un país donde se harán fortunas más rápido que en cualquier otro lugar de la tierra".

En 1908, Broward vendió más de medio millón de acres de humedales a Dicky Bolles, un empresario deshonesto. Broward prometió que el estado excavaría suficientes canales para drenar esta tierra al costo de un dólar por acre.

Un informe del Departamento de Agricultura de Estados Unidos respaldaba las afirmaciones de Broward, pero no mostraba evidencias. Bolles promocionó los Glades como un paraíso para el hombre pobre, donde uno podía hacerse rico rápidamente.

Bolles estableció la lotería de tierras de los Everglades. Los inversores pagaban $240 por un sorteo que les otorgaba entre 10 y 640 acres de tierra. Pero no podían ver la tierra hasta después de comprarla. Miles de personas acudieron a Fort Lauderdale para descubrir que su terreno estaba bajo el agua.

Miami, la Ciudad Mágica

Henry Flagler promocionó el sur de Florida como un paraíso de veranos frescos, inviernos templados y agua pura. Ya en 1920, Miami tenía casi treinta mil residentes y un rascacielos. Cinco años después, se estaban construyendo treinta edificios altos. Los visitantes de invierno comentaban que la ciudad crecía tanto de un año a otro que parecía magia, lo que le dio a Miami su apodo: la Ciudad Mágica.

En 1913, se inauguró el puente de madera más largo del mundo, que conectaba Miami con la isla que más tarde sería Miami Beach. Se arrancaron los manglares de la isla y se hicieron playas con arena dragada de la bahía de Biscayne. A partir de la década de 1920, se construyeron cientos de edificios en el llamativo estilo arquitectónico art déco, caracterizado por formas y colores vibrantes junto con una artesanía de alta calidad.

El rápido crecimiento de Miami continuó. Jubilados y veteranos se mudaron allí después de la Segunda Guerra Mundial. Al llegar al poder Fidel Castro en Cuba en 1959, medio millón de cubanos huyeron a Miami y establecieron la Pequeña Habana. En los noventa, refugiados de Haití formaron el barrio de Pequeña Haití. Hoy en día, el área de Miami alberga a más de seis millones de personas. La mitad de los residentes de la ciudad son inmigrantes, y Miami es conocida como la capital de América Latina.

Más de veinticinco millones de personas visitan Miami cada año. La ciudad es el hogar de cinco equipos deportivos de grandes ligas, incluidos los Panthers en hockey.

El equipo de hockey sobre hielo Florida Panthers tiene su sede en el área metropolitana de Miami

Miami también alberga una feria de arte anual de renombre mundial llamada Art Basel.

"He comprado tierras por acre y he comprado tierras por pie", dijo un hombre de Iowa, "pero, por Dios, nunca antes había comprado tierras por galón". Bolles fue acusado por sus crímenes, pero murió antes de ser juzgado.

El mandato de Broward como gobernador terminó en 1909, y murió al año siguiente. Nuevos informes del Gobierno indicaban que los planes de Broward habían sido insuficientes y que se necesitaban muchos más canales para drenar los Everglades. Florida delegó la tarea del drenaje a una empresa privada de ingeniería.

En los años 20, había varias comunidades agrícolas en los Glades y a lo largo del lago Okeechobee. Era una vida difícil. Los canales drenaban el agua en las sequías, pero se desbordaban en las lluvias. Cuando los niveles del agua bajaban, el lodo se secaba y se formaban tormentas de polvo e incendios subterráneos. Algunas áreas perdieron hasta cinco pies de suelo.

El lago O continuaba desbordándose. Se construyó un muro blando de tierra, lodo y arena a su alrededor para contener el agua. Pero este muro, conocido como dique, era una barrera muy débil. En 1926, ocurrió un desastre.

Un huracán con vientos de 140 millas por hora golpeó Miami. La ciudad quedó prácticamente destruida. Luego, la tormenta avanzó sobre el lago Okeechobee. Las aguas del lago rompieron el dique. Cuarenta mil personas perdieron sus hogares. Cuatrocientas murieron.

Dos años después, un huracán aún más devastador destruyó casi la mitad del dique de cuarenta y siete millas. Una pared de agua de quince pies de altura arrasó pueblos enteros, 2500 personas murieron, la mayoría de ellas agricultores negros pobres, que intentaron sobrevivir en los campos y en las copas de los árboles.

Zora Neale Hurston, una reconocida escritora negra de la época, describió la aterradora escena en su libro *Their Eyes Were Watching God*: "Despertó al viejo Okeechobee y el monstruo comenzó a rodar en su lecho… Se apoderó de sus diques y avanzó… El mar caminaba sobre la tierra con un paso arrasador".

Después del huracán de 1928, el presidente Herbert Hoover encargó al Cuerpo de Ingenieros del Ejército de Estados Unidos controlar los Everglades. Donde las grandes empresas y Florida habían fracasado, quizás el Gobierno federal tendría éxito.

El Cuerpo reconstruyó el dique del lago Okeechobee más grande y mejor, completando el dique Hoover en 1937. La gran muralla de los Everglades tenía cuatro pisos de altura y más de cien yardas de ancho en su base. El lago O era ahora un embalse, con su flujo de agua controlado por bombas y canales.

El dique Hoover

Las tierras de cultivo al sur del lago se duplicaron. La caña de azúcar se convirtió en el principal cultivo, reduciendo la dependencia de Estados Unidos de las importaciones de azúcar.

Al aumentar la tierra habitable y cultivable en el sur de Florida, el ecosistema de los Everglades sufría. Se talaron árboles para madera y se extrajo piedra caliza para carreteras.

En 1928, se inauguró el Tamiami Trail, la primera carretera entre Tampa y Miami. Atravesaba los Everglades, alterando su flujo natural. Al norte de la carretera, el agua se acumuló y causó inundaciones; al sur, la tierra se secó.

La gente usaba hidrodeslizadores, botes planos propulsados por hélices de avión, para adentrarse más en los Everglades, haciendo más fácil que nunca la caza y la pesca sin límites.

La sequía llegó en los años treinta, y los incendios de turba regresaron, quemando el suelo y devorando los Everglades desde abajo. La tierra se hundía tan rápido en algunos lugares que cada pocos años ¡la gente tenía que añadir un escalón a sus casas! En 1939, se quemó un millón de acres, y enormes nubes negras cubrieron la región.

Conservacionistas como Marjory Stoneman Douglas advirtieron que tenían que hacer algo. "Lo que había sido un río de hierba…", escribió, "se convirtió en un gesto caótico de codicia, ignorancia y locura, en un río de fuego".

¡Invasión!

Las especies invasoras (especies de otras partes del mundo que no pertenecen a ese lugar) también han dañado el ecosistema de los Everglades. Los animales invasores son a menudo introducidos por humanos que los tienen como mascotas y luego los liberan. La pitón birmana, del sur de Asia, es la especie invasora más famosa de los Everglades.

Las pitones adultas pueden crecer más de veinte pies de largo y pesar doscientas libras. No tienen enemigos naturales y han destruido las poblaciones locales de mamíferos. Cazadores patrocinados por el estado eliminan miles de pitones cada año, pero algunos temen que haya hasta trescientas mil en los Everglades, ¡y las hembras pueden poner hasta cien huevos a la vez!

La anguila asiática de tres pies está devastando las especies nativas de cangrejos de río. También se alimenta de huevos de tortuga, peces pequeños y ranas, que mapaches y aves necesitan para alimentarse. Las anguilas asiáticas tienen branquias y pulmones, ¡así que pueden respirar tanto bajo el agua como en tierra! En la temporada seca, se entierran en el barro y pueden esperar hasta cinco meses por su próxima comida.

CAPÍTULO 7
Salvemos los Everglades

El movimiento de conservación en Florida comenzó en la época de auge de Henry Flagler. En la década de 1870, los sombreros con plumas se pusieron de moda. Las plumas de aves llegaron a ser más valiosas que el oro. ¡Para 1886, se mataban cinco millones de aves al año en todo el país!

En respuesta a las matanzas, George Bird Grinnell, editor de la revista *Forest and Stream*, creó la Sociedad Audubon, en honor a John James Audubon, pintor y naturalista famoso por su serie de libros ilustrados Birds of America. La

George Bird Grinnell

misión de la Sociedad Audubon era proteger las poblaciones de aves de una mayor destrucción y educar al público sobre la conservación. Pronto, se abrieron filiales de la sociedad en varios estados del país.

Cada año, los cazadores empujaban a las aves más al sur. Los Everglades eran su último refugio seguro. Sin embargo, los cazadores de plumas buscaban activamente las colonias de anidación en los Everglades, donde las aves anidaban y criaban

a sus pichones. Allí, usando rifles silenciosos, les disparaban a las aves, una por una: ibis blancos, espátulas rosadas y garcitas blancas, que se vendían a precios altos. Con los años, las aves empezaron a desaparecer. Para 1900, los flamencos de Florida habían sido exterminados. (¡Desde entonces han regresado!).

En 1901, la Sociedad Audubon de Florida, junto con la Florida Federation of Women's Clubs, presionaron al Gobierno estatal para que prohibiera la caza de plumas. ¡Y tuvieron éxito!

Una reunión de la Florida Federation of Women's Clubs en 1917

La Sociedad Audubon contrató a un guardabosques para asegurarse de que se cumpliera la nueva ley en los Glades. Se eligió a Guy Bradley, hijo del primer cartero descalzo del sur de Florida. Sin embargo, resultó ser un trabajo peligroso.

En 1905, Guy fue asesinado mientras intentaba arrestar a un grupo de cazadores de plumas. Con el tiempo, sin embargo, las poblaciones de aves comenzaron a recuperarse.

Guy Bradley arrestando a un cazador de plumas

A medida que el crecimiento de Florida destruía los Everglades a principios del siglo xx, la gente comprendió que los lugares de belleza natural debían protegerse. Uno de ellos era Paradise Key, un frondoso bosque cubierto de musgo con palmas reales y árboles de madera dura en el corazón de los Everglades. Los grupos de mujeres jugaron un papel crucial al reservar 960 acres para crear el Royal Palm State Park en 1916. Ese mismo año, el Gobierno de Estados Unidos creó el Servicio de Parques Nacionales.

En 1925, un hombre llamado Ernest Coe se mudó a Miami. Al no poder encontrar trabajo después de que el huracán de 1926 destruyera

Ernest Coe

la ciudad, exploró los Everglades. Se enamoró del lugar y dijo que le inspiraba "un profundo sentimiento de asombro y reverencia".

Coe creó un grupo para presionar al Congreso a fin de establecer un parque nacional en los Everglades. Les habló a los funcionarios del estado sobre el paisaje impresionante. El Congreso aprobó el parque en 1934, pero Florida debía donar el terreno. Coe, quien luego fue llamado el padre de los Everglades, dirigió la agencia estatal que recompró tierras a los propietarios privados. Para 1947, Florida logró adquirir 1,3 millones de acres que se convertirían en el Parque Nacional Everglades.

El secretario del Interior J. A. Krug emite una orden ejecutiva para crear el Parque Nacional Everglades

Esto fue una victoria para los conservacionistas, pero el parque solo protegía parte del ecosistema. El Cuerpo de Ingenieros del Ejército de Estados Unidos. aún controlaba el flujo de agua en la zona, y los Everglades competían por el agua con una población y una industria agrícola que crecían y necesitaban más agua cada año. Y casi nunca ganaban.

Poco después de la inauguración del Parque Nacional Everglades, el Congreso autorizó construir más canales y diques. El río Kissimmee, de 103 millas de largo y seis pies de profundidad, se convirtió en un canal de 56 millas y treinta pies de profundidad. El dique Hoover se amplió para rodear el lago Okeechobee. Los Everglades del norte se volvieron tierras de cultivo dominadas por la caña de azúcar, mientras que en el centro se excavaron embalses para almacenar agua.

Trabajadores cosechando caña de azúcar

La zona al este de los Everglades, de West Palm Beach a Miami, se convirtió en una de las áreas urbanas de mayor crecimiento de la nación. Ya en 1965, seis millones de personas vivían en Florida, y quince millones más la visitaban cada año. En 1968, se inauguró Alligator Alley, una extensión de la autopista interestatal 75 a través de los Everglades. Este tramo de ochenta millas tenía solo dos carriles y carecía de cercas para impedir que la fauna, como panteras y caimanes, cruzara la vía.

Acuífero de Florida

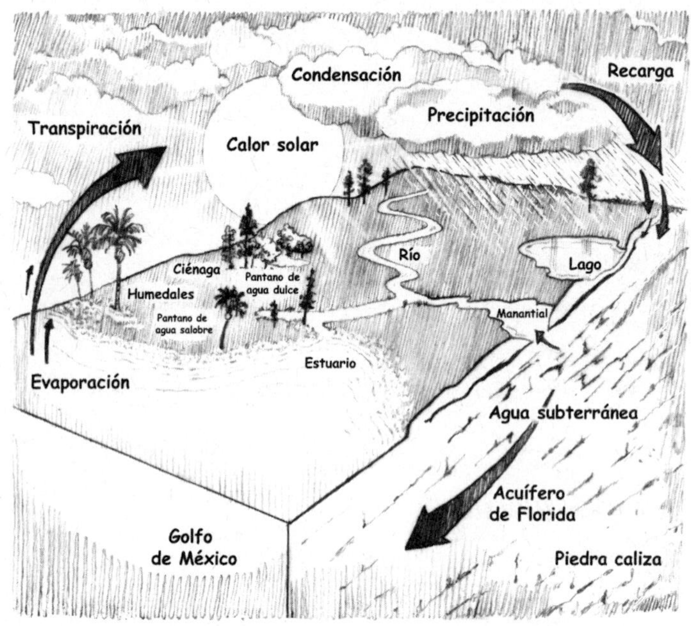

A medida que fluye el Río de Hierba, parte del agua se filtra bajo el suelo, atravesando la piedra caliza porosa hasta llegar a las cavernas subterráneas llamadas acuíferos. En algunos lugares, el agua brota de nuevo hacia la superficie, formando manantiales de agua dulce. Los acuíferos se agotan durante periodos de sequía o cuando la demanda de agua es demasiado alta. Cuando esto sucede, el agua salada se filtra en el acuífero, contaminando el suministro de agua. A medida que el sur de Florida se desarrollaba, se hizo muy importante recargar el acuífero recogiendo y almacenando agua antes de que fluyera hacia el mar. Hoy en día, el acuífero de Biscayne, alimentado por los Everglades, es la fuente de agua potable para ocho millones de floridanos.

A medida que las personas ocupaban más tierras, quedaba menos para los animales. Muchos fueron atropellados por coches. Ya en los años setenta, el 90 por ciento de las aves zancudas y caimanes de los Everglades habían desaparecido, y quedaban menos de treinta panteras. El Alligator Alley se expandió para incluir cercas por seguridad.

La agricultura a gran escala dañó el medio ambiente de otra forma. Los pesticidas, usados para matar insectos dañinos, envenenaron el agua. El fósforo, presente en los fertilizantes, era muy perjudicial. Incluso en pequeñas cantidades, destruía el perifitón y provocaba el crecimiento de algas, lo que reducía el oxígeno en el agua, matando peces y otras formas de vida acuática.

Pero aun cuando la situación era grave para los Everglades, los ambientalistas ganaron poder y lucharon. Se ampliaron los límites del parque nacional y se destinaron más tierras a la conservación, incluyendo la Big Cypress Nacional

Preserve, John Pennekamp Coral Reef State Park y Florida Panther National Wildlife Refuge. Además, se aprobaron leyes para proteger especies de animales en peligro de extinción.

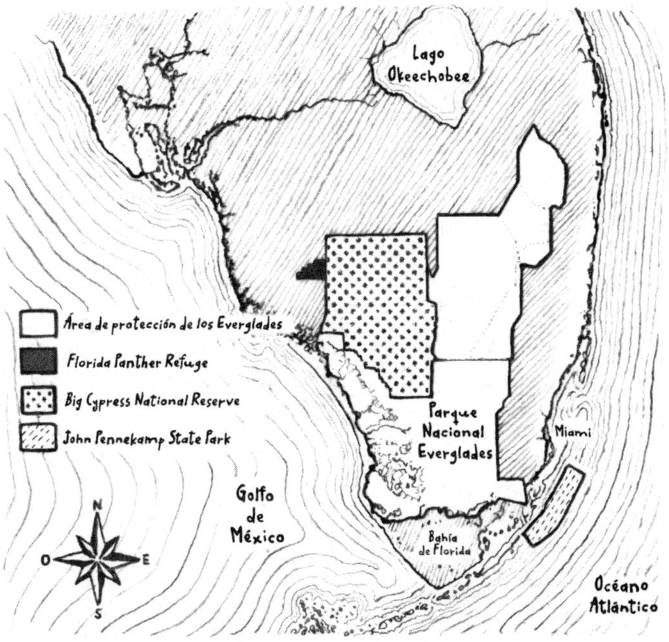

La industria azucarera fue demandada y acordó reducir el uso de productos químicos dañinos y plantar marismas filtrantes para absorber contaminantes. En 1969, Marjory Stoneman Douglas fundó Friends of the Everglades, una organización que logró detener la construcción de lo que habría sido el aeropuerto más grande del mundo, a solo unos kilómetros del parque nacional.

La guardiana de los Glades, como se le llamó a Douglas, dedicó el resto de su vida a la conservación. Pero cuando falleció en 1998, a los ciento ocho años, el futuro de los Everglades aún estaba lejos de ser seguro.

Marjory Stoneman Douglas impartiendo una charla sobre los Everglades

CAPÍTULO 8
La restauración de los Everglades

Después de más de dos siglos de intentos fallidos por controlar los Everglades, la mayoría de las personas comenzó a darse cuenta del daño causado al ecosistema. Todos (el Gobierno, los agricultores azucareros, los grupos ambientalistas y los floridanos) tenían interés en salvar los Everglades. Juntos, apoyaron una nueva ley, y en el 2000, el Congreso autorizó el Plan Integral de Restauración de los Everglades (CERP por sus siglas en inglés).

CERP es un plan de 10 500 millones de dólares para devolver los Everglades a su estado natural en unos treinta y cinco años, mientras almacena más agua para la población de Florida, que sigue creciendo. (Es ya el tercer estado más poblado del país).

A diferencia de los intentos anteriores de drenar el pantano o controlar el flujo de agua, CERP revierte gran parte de lo que hizo el Cuerpo de Ingenieros del Ejército de Estados Unidos.

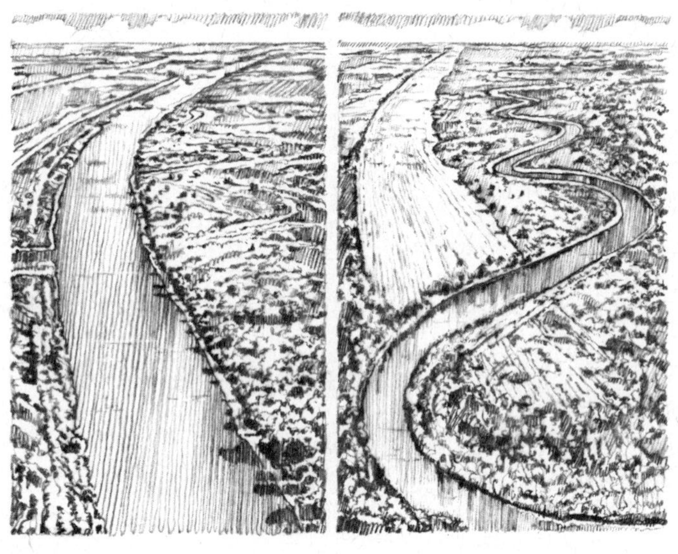

Se rellenaron los canales. El río Kissimmee fue devuelto a su curso natural. Se excavaron canales bajo Alligator Alley y el Tamiami Trail para que el agua dulce fluyera hacia el sur. Se construyeron pasos subterráneos en las vías para ofrecer un paso seguro a los animales.

Tras introducir pumas de Texas en el sur de Florida en 1995, la población de panteras de Florida aumentó ¡un 500 por ciento para la década de 2020!

Antes al borde de la extinción, hoy dos mil cocodrilos americanos (¡y más de doscientos mil caimanes americanos!) llaman hogar a los Everglades. Incluso se han avistado cocodrilos en el condado de Brevard, a más de doscientas millas al norte del parque nacional.

El Parque Nacional Everglades recibe un millón de visitantes anuales que vienen a acampar, andar en bicicleta, hacer senderismo, practicar kayak, pescar, observar aves, pasear en hidrodeslizador, etc. Muchos se van con el mismo asombro descrito por Ernest Coe, el padre de los Everglades.

A pesar de los éxitos de los conservacionistas,

todavía existen desafíos. Al aumentar la temperatura por el cambio climático, los niveles del mar suben, amenazando el acuífero de Florida. En julio de 2023, el agua de la bahía alcanzó los 101,1 grados Fahrenheit. Esto hace que los niveles de oxígeno bajen, y los peces y hierbas marinas mueran.

Cocodrilo americano

El lago Okeechobee se ha convertido en un lodazal de agua estancada y contaminada. Químicos de décadas de escorrentía agrícola se han asentado en el lecho del lago. Las tormentas agitan estos productos químicos y los llevan a la superficie, lo cual provoca un aumento en los niveles de algas. Esto puede decolorar el agua, matar la vida acuática, envenenar a las mascotas y emitir vapores nocivos que desencadenan ataques de asma.

Cuando el nivel de agua del lago O es muy alto, su agua tóxica se libera al mar, donde puede causar mareas rojas que matan la vida marina, generando un olor horrible. Las mareas rojas pueden durar meses, ahuyentando a los turistas y haciendo la vida miserable para los residentes.

Restaurar completamente los Everglades es imposible. La mitad de los Everglades originales se ha perdido, y ahora es el hogar de millones de personas que no se irán. Pero la supervivencia del sur de Florida depende de la supervivencia de los Everglades.

Se ha avanzado, pero el trabajo continuará por generaciones. Como dijo el presidente Truman: "Por la conservación hay que luchar sin cesar". Y "para la conservación del espíritu humano, necesitamos lugares como el Parque Nacional Everglades".

Cronología de los Everglades

4000-2000 a. e. c.	Se forman los Everglades
c. 100 e. c.	Los calusa se establecen en el suroeste de Florida
1513	Juan Ponce de León reclama Florida para España
1819	España cede Florida a Estados Unidos
1845	Florida se convierte en un estado
1881	Hamilton Disston compra cuatro millones de acres de tierra en Florida y comienza a cavar canales
1901	El Gobierno estatal de Florida prohíbe la caza de aves para obtener sus plumas
1904	Napoleon Bonaparte Broward promete drenar los Everglades y es elegido gobernador de Florida
1916	Se establece Royal Palm State Park
1939	Se quema un millón de acres de los Everglades
1947	Se publica *The Everglades: River of Grass*
	Se establece el Parque Nacional Everglades
1969	Marjory Stoneman Douglas funda Friends of the Everglades
1995	Se traen pumas de Texas a Florida para evitar la extinción de la pantera de Florida
2000	El Congreso autoriza el Plan Integral de Restauración de los Everglades (CERP)
2023	El agua de la bahía de Florida alcanza más de 100 °F

Cronología del mundo

2000 a. e. c.	Se extinguen los mamuts lanudos
1508-1512	Miguel Ángel pinta la Capilla Sixtina
1819	Colombia gana la independencia de España
1837	Victoria se convierte en reina de Inglaterra a los 18 años
1881	Debuta en el Madison Square Garden de Nueva York el circo Barnum & Bailey, "El más grande del mundo"
1901	Muere la reina Victoria de Inglaterra a los 81 años
1904	Estados Unidos asume la construcción del canal de Panamá
1916	La batalla de Verdún, la más larga de la Primera Guerra Mundial, tiene lugar en Francia y dura diez meses
1928	Mickey Mouse y Minnie Mouse debutan en pantalla en la película muda *Plane Crazy*
1939	Batman aparece por primera vez en un cómic
	Se publica por primera vez el diario de Ana Frank
1969	Neil Armstrong y Buzz Aldrin se convierten en los primeros humanos en caminar en la Luna
1995	Se estrena la primera película de *Toy Story*
2000	Primera temporada del reality show *Survivor*
2023	Canadá experimenta su peor temporada de incendios forestales; el humo nubla los cielos en Florida

Bibliografía

Douglas, Marjory Stoneman. *The Everglades: River of Grass*, 70th
Anniversary Edition. Palm Beach, Florida: Pineapple Press,
2016.

Florida Museum. "South Florida Aquatic Environments." Florida
Museum of Natural History website. floridamuseum.ufl.edu/
southflorida.

Grunwald, Michael. *The Swamp: The Everglades, Florida,
and the Politics of Paradise*. New York: Simon & Schuster
Paperbacks, 2007.

McIver, Stuart B. *Death in the Everglades: The Murder of Guy
Bradley, America's First Martyr to Environmentalism*.
Gainesville: University Press of Florida, 2009.

National Park Service. "Everglades National Park." NPS.gov
Homepage (US National Park Service). www.nps.gov/ever/.

Török, Zoltán, director. "Everglades." *America's National Parks*.
National Geographic, 2016.